Jacques Prévert

La Renaissance du Livre
Michel De Paepe Éditeur

Édition réalisée sous la direction d'Isabelle Gérard.
Maquette : Emmanuelle Boutry.

52, chaussée de Roubaix, 7500 Tournai (Belgique).
www.larenaissancedulivre.com
ISBN 2-8046-0658-9

Jacques Prévert

Textes et poèmes mis en images par

Gabriel Lefebvre

LA RENAISSANCE DU LIVRE

Sommaire

I. "C'est pas seulement ma voix qui chante..."

Cri du cœur 8
Les chansons les plus courtes... 10
Et la fête continue 11
Le miroir brisé 12
Chanson pour chanter à tue-tête et à cloche-pied 14
Chanson des escargots qui vont à l'enterrement 18

II. "Les animaux ont des ennuis..."

L'étoile de mer 22
Adage 23
Les animaux ont des ennuis 24
Quartier libre 26
Le lézard 27
Jour de fête 28
Pour faire le portrait d'un oiseau 31

III. "En sortant de l'école..."

Le cancre 36
Page d'écriture 38
En sortant de l'école 40
L'enfance 42

IV. "Comme c'était prévu d'après le calendrier..."

Comme c'était prévu... 46
En été comme en hiver 49
L'automne 51
Les feuilles mortes 52
Noël des ramasseurs de neige 54
Chanson pour les enfants l'hiver 56
Fille de Mars... 57

V. "Le tendre et dangereux visage de l'amour"

Je suis comme je suis 61
Immense et rouge 63
Pour toi mon amour 64
C'est l'amour qui m'a faite 65
Le tendre et dangereux visage de l'amour 69

Cet amour 70
Cœur de rubis 74
Les enfants qui s'aiment 76
Barbara 77

VI. "D'après nature"
Sables mouvants 82
D'après nature 83
Le ruisseau 84
Rousse 85
Arbres... 86

VII. "Fleurs et couronnes"
Fleurs et couronnes 90
Le bouquet 93
Tournesol 94
Chez la fleuriste 96

VIII. "Quand la vie..."
Quand la vie... 100
Le désespoir est assis sur un banc 101
Le concert n'a pas été réussi 104
Déjeuner du matin 106
Le contrôleur 108

IX. "Familiale"
Premier jour 112
Chasse à l'enfant 113
Familiale 117
La pêche à la baleine 118
L'école des beaux-arts 121

X. "Pour rire en société"
Il ne faut pas 124
Pour rire en société 124
Être ange... 125
Narcisse 126

“C’est pas
ma voix
chante

seulement

qui

...”

Cri du cœur

À Henri Crolla

C'est pas seulement ma voix qui chante
c'est d'autres voix une foule de voix
voix d'aujourd'hui ou d'autrefois
Des voix marrantes ensoleillées
désespérées émerveillées
Voix déchirantes et brisées
voix souriantes et affolées
folles de douleur et de gaieté

C'est la voix d'un chagrin tout neuf
la voix de l'amour mort ou vif
la voix d'un pauvre fugitif
la voix d'un noyé qui fait plouf
C'est la voix d'un oiseau craintif
la voix d'un moineau mort de froid
sur le pavé d'la rue de la Joie
Tout simplement la voix d'un piaf

Et toujours toujours quand je chante
cet oiseau-là chante avec moi
Toujours toujours encore vivante
sa pauvre voix tremble pour moi
Si je disais tout ce qu'il chante
tout c'que j'ai vu et tout c'que je sais
j'en dirais trop et pas assez
Et tout ça je veux l'oublier

D'autres voix chantent un vieux refrain
c'est leur souvenir c'est plus le mien
je n'ai plus qu'un seul cri du cœur
J'aime pas le malheur j'aime pas le malheur
et le malheur me le rend bien
mais je l'connais il m'fait plus peur
Il dit qu'on est mariés ensemble
même si c'est vrai je n'en crois rien

Sans pitié j'écrase mes larmes
je leur fais pas d'publicité
Si on tirait l'signal d'alarme
pour des chagrins particuliers
jamais les trains n'pourraient rouler
Et je regarde le paysage
si par hasard il est trop laid
j'attends qu'il se r'fasse une beauté

Et les douaniers du désespoir
peuvent bien éventrer mes bagages
me palper et me questionner
j'ai jamais rien à déclarer
L'amour comme moi part en voyage
un jour je le rencontrerai
À peine j'aurai vu son visage
tout de suite je le reconnaîtrai.

D'autres histoires.

Les chansons les plus courtes…

L'oiseau qui chante dans ma tête
Et me répète que je t'aime
Et me répète que tu m'aimes
L'oiseau au fastidieux refrain
Je le tuerai demain matin.

Histoires.

Et la fête continue

Debout devant le zinc
Sur le coup de dix heures
Un grand plombier zingueur
Habillé en dimanche et pourtant c'est lundi
Chante pour lui tout seul
Chante que c'est jeudi
Qu'il n'ira pas en classe
Que la guerre est finie
Et le travail aussi
Que la vie est si belle
Et les filles si jolies
Et titubant devant le zinc
Mais guidé par son fil à plomb
Il s'arrête pile devant le patron
Trois paysans passeront et vous paieront
Puis disparaît dans le soleil
Sans régler les consommations
Disparaît dans le soleil tout en continuant sa chanson.

Paroles.

Le miroir brisé

Le petit homme qui chantait sans cesse
le petit homme qui dansait dans ma tête
le petit homme de la jeunesse
a cassé son lacet de soulier
et toutes les baraques de la fête
tout d'un coup se sont écroulées
et dans le silence de cette fête
dans le désert de cette tête
j'ai entendu ta voix heureuse
ta voix déchirée et fragile
enfantine et désolée
venant de loin et qui m'appelait
et j'ai mis ma main sur mon cœur
où remuaient
ensanglantés
les sept éclats de glace de ton rire étoilé.

Paroles.

Chanson pour chanter à tue-tête et à cloche-pied

Un immense brin d'herbe
Une toute petite forêt
Un ciel tout à fait vert
Et des nuages en osier
Une église dans une malle
La malle dans un grenier
Le grenier dans une cave
Sur la tour d'un château
Le château à cheval
À cheval sur un jet d'eau

Le jet d'eau dans un sac
À côté d'une rose
La rose d'un fraisier
Planté dans une armoire
Ouverte sur un champ de blé

Un champ de blé couché
Dans les plis d'un miroir
Sous les ailes d'un tonneau

Le tonneau dans un verre
Dans un verre à Bordeaux
Bordeaux sur une falaise
Où rêve un vieux corbeau

Dans le tiroir d'une chaise
D'une chaise en papier
En beau papier de pierre
Soigneusement taillé
Par un tailleur de verre
Dans un petit gravier
Tout au fond d'une mare
Sous les plumes d'un mouton

Nageant dans un lavoir
À la lueur d'un lampion
Éclairant une mine
Une mine de crayons
Derrière une colline
Gardée par un dindon

Un gros dindon assis
Sur la tête d'un jambon
Un jambon de faïence
Et puis de porcelaine
Qui fait le tour de France
À pied sur une baleine

Au milieu de la lune
Dans un quartier perdu
Perdu dans une carafe
Une carafe d'eau rougie
D'eau rougie à la flamme
À la flamme d'une bougie

Sous la queue d'une horloge
Tendue de velours rouge
Dans la cour d'une école
Au milieu d'un désert
Où de grandes girafes
Et des enfants trouvés
Chantent chantent sans cesse
À tue-tête à cloche-pied
Histoire de s'amuser
Les mots sans queue ni tête
Qui dansent dans leur tête
Sans jamais s'arrêter

Et on recommence
Un immense brin d'herbe
Une toute petite forêt...

etc., etc., etc.

Histoires.

Chanson des escargots qui vont à l'enterrement

À l'enterrement d'une feuille morte
Deux escargots s'en vont
Ils ont la coquille noire
Du crêpe autour des cornes
Ils s'en vont dans le soir
Un très beau soir d'automne
Hélas quand ils arrivent
C'est déjà le printemps
Les feuilles qui étaient mortes
Sont toutes ressuscitées
Et les deux escargots
Sont très désappointés
Mais voilà le soleil
Le soleil qui leur dit
Prenez prenez la peine
La peine de vous asseoir
Prenez un verre de bière
Si le cœur vous en dit
Prenez si ça vous plaît
L'autocar pour Paris
Il partira ce soir
Vous verrez du pays
Mais ne prenez pas le deuil
C'est moi qui vous le dis
Ça noircit le blanc de l'œil
Et puis ça enlaidit
Les histoires de cercueils
C'est triste et pas joli
Reprenez vos couleurs

Les couleurs de la vie
Alors toutes les bêtes
Les arbres et les plantes
Se mettent à chanter
À chanter à tue-tête
La vraie chanson vivante
La chanson de l'été
Et tout le monde de boire
Tout le monde de trinquer
C'est un très joli soir
Et les deux escargots
S'en retournent chez eux
Ils s'en vont très émus
Ils s'en vont très heureux
Comme ils ont beaucoup bu
Ils titubent un p'tit peu
Mais là-haut dans le ciel
La lune veille sur eux.

Paroles.

"Les animaux

ont des

ennuis...»

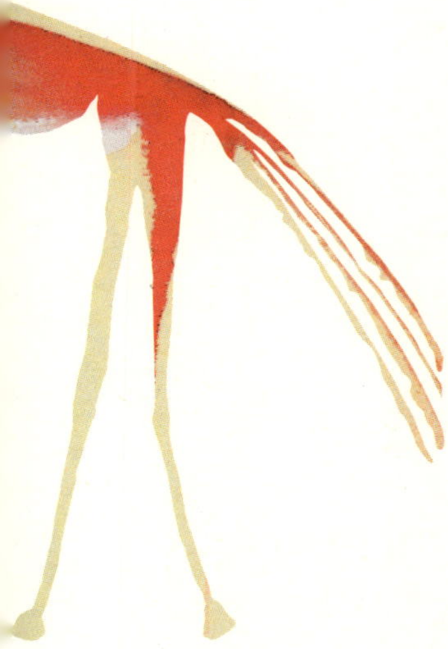

L'étoile de mer

L'étoile
quand on la rejette à la mer
disparaît en dansant
c'est un petit rat d'Opéra
Toujours une tête
deux jambes
deux bras.

"Les chiens ont soif", dans *Fatras*.

Adage

Sur une plage déserte
une tortue à l'envers
auprès d'un sablier
Personne pour les retourner

Tortue
ta dernière heure
ne sera point comptée.

Le Jour des temps.

Les animaux ont des ennuis

À Christiane Verger

Le pauvre crocodile n'a pas de C cédille
on a mouillé les L de la pauvre grenouille
le poisson scie
a des soucis
le poisson sole
ça le désole

Mais tous les oiseaux ont des ailes
même le vieil oiseau bleu
même la grenouille verte
elle a deux L avant l'E

Laissez les oiseaux à leur mère
laissez les ruisseaux dans leur lit
laissez les étoiles de mer
sortir si ça leur plaît la nuit
laissez les p'tits enfants briser leur tirelire
laissez passer le café si ça lui fait plaisir

La vieille armoire normande
et la vache bretonne
sont parties dans la lande en riant comme deux folles
les petits veaux abandonnés
pleurent comme des veaux abandonnés

Car les petits veaux n'ont pas d'ailes
comme le vieil oiseau bleu
ils ne possèdent à eux deux
que quelques pattes et deux queues

Laissez les oiseaux à leur mère
laissez les ruisseaux dans leur lit
laissez les étoiles de mer
sortir si ça leur plaît la nuit
laissez les éléphants ne pas apprendre à lire
laissez les hirondelles aller et revenir.

Histoires.

Quartier libre

J'ai mis mon képi dans la cage
et je suis sorti avec l'oiseau sur la tête
Alors
on ne salue plus
a demandé le commandant
Non
on ne salue plus
a répondu l'oiseau
Ah bon
excusez-moi je croyais qu'on saluait
a dit le commandant
Vous êtes tout excusé tout le monde peut se tromper
a dit l'oiseau.

Paroles.

Le lézard

Le lézard de l'amour
S'est enfui encore une fois
Et m'a laissé sa queue entre les doigts
C'est bien fait
J'avais voulu le garder pour moi.

Histoires.

Jour de fête

Où vas-tu mon enfant avec ces fleurs
Sous la pluie

Il pleut il mouille
Aujourd'hui c'est la fête à la grenouille

Et la grenouille
C'est mon amie

Voyons
On ne souhaite pas la fête à une bête
Surtout à un batracien
Décidément si nous n'y mettons pas bon ordre
Cet enfant deviendra un vaurien
Et il nous en fera voir
De toutes les couleurs
L'arc-en-ciel le fait bien
Et personne ne lui dit rien
Cet enfant n'en fait qu'à sa tête
Nous voulons qu'il en fasse à la nôtre

Oh mon père !
Oh ma mère !
Oh grand oncle Sébastien !

Ce n'est pas avec ma tête
Que j'entends mon cœur qui bat
Aujourd'hui c'est jour de fête
Pourquoi ne comprenez-vous pas
Oh ! ne me touchez pas l'épaule
Ne m'attrapez pas par le bras
Souvent la grenouille m'a fait rire
Et chaque soir elle chante pour moi
Mais voilà qu'ils ferment la porte
Et s'approchent doucement de moi
Je leur crie que c'est jour de fête
Mais leur tête me désigne du doigt.

Histoires.

Pour faire le portrait d'un oiseau

À Elsa Henriquez

Peindre d'abord une cage
avec une porte ouverte
peindre ensuite
quelque chose de joli
quelque chose de simple
quelque chose de beau
quelque chose d'utile...
pour l'oiseau
placer ensuite la toile contre un arbre
dans un jardin
dans un bois
ou dans une forêt
se cacher derrière l'arbre
sans rien dire
sans bouger...
Parfois l'oiseau arrive vite
mais il peut aussi bien mettre de longues années
avant de se décider
Ne pas se décourager
attendre
attendre s'il le faut pendant des années
la vitesse ou la lenteur de l'arrivée
de l'oiseau n'ayant aucun rapport
avec la réussite du tableau

Quand l'oiseau arrive
s'il arrive
observer le plus profond silence
attendre que l'oiseau entre dans la cage
et quand il est entré
fermer doucement la porte avec le pinceau
puis effacer un à un tous les barreaux
en ayant soin de ne toucher aucune des plumes
[de l'oiseau
Faire ensuite le portrait de l'arbre
en choisissant la plus belle de ses branches
pour l'oiseau
peindre aussi le vert feuillage et la fraîcheur du vent
la poussière du soleil
et le bruit des bêtes de l'herbe dans la chaleur de l'été
et puis attendre que l'oiseau se décide à chanter
Si l'oiseau ne chante pas
c'est mauvais signe
signe que le tableau est mauvais
mais s'il chante c'est bon signe
signe que vous pouvez signer
alors vous arrachez tout doucement
une des plumes de l'oiseau
et vous écrivez votre nom dans un coin du tableau.

Paroles.

“En sortant

de l'école…"

Le cancre

Il dit non avec la tête
mais il dit oui avec le cœur
il dit oui à ce qu'il aime
il dit non au professeur
il est debout
on le questionne
et tous les problèmes sont posés
soudain le fou rire le prend
et il efface tout
les chiffres et les mots
les dates et les noms
les phrases et les pièges
et malgré les menaces du maître
sous les huées des enfants prodiges
avec des craies de toutes les couleurs
sur le tableau noir du malheur
il dessine le visage du bonheur.

Paroles.

Page d'écriture

Deux et deux quatre
quatre et quatre huit
huit et huit font seize
Répétez ! dit le maître
Deux et deux quatre
quatre et quatre huit
huit et huit font seize
Mais voilà l'oiseau lyre
qui passe dans le ciel
l'enfant le voit
l'enfant l'entend
l'enfant l'appelle
Sauve-moi
joue avec moi
oiseau !
Alors l'oiseau descend
et joue avec l'enfant
Deux et deux quatre...
Répétez ! dit le maître
et l'enfant joue
l'oiseau joue avec lui...
Quatre et quatre huit
huit et huit font seize
et seize et seize qu'est-ce qu'ils font ?
Ils ne font rien seize et seize
et surtout pas trente-deux
de toute façon
et ils s'en vont.

Et l'enfant a caché l'oiseau
dans son pupitre
et tous les enfants
entendent sa chanson
et tous les enfants
entendent la musique
et huit et huit à leur tour s'en vont
et quatre et quatre et deux et deux
à leur tour fichent le camp
et un et un ne font ni une ni deux
un à un s'en vont également.
Et l'oiseau lyre joue
et l'enfant chante
et le professeur crie :
Quand vous aurez fini de faire le pitre !
Mais tous les autres enfants
écoutent la musique
et les murs de la classe
s'écroulent tranquillement.
Et les vitres redeviennent sable
l'encre redevient eau
les pupitres redeviennent arbres
la craie redevient falaise
le porte-plume redevient oiseau.

Paroles.

En sortant de l'école

En sortant de l'école
nous avons rencontré
un grand chemin de fer
qui nous a emmenés
tout autour de la terre
dans un wagon doré
Tout autour de la terre
nous avons rencontré
la mer qui se promenait
avec tous ses coquillages
ses îles parfumées
et puis ses beaux naufrages
et ses saumons fumés
Au-dessus de la mer
nous avons rencontré
la lune et les étoiles
sur un bateau à voiles
partant pour le Japon
et les trois mousquetaires des cinq doigts de la main
tournant la manivelle d'un petit sous-marin
plongeant au fond des mers
pour chercher des oursins
Revenant sur la terre
nous avons rencontré
sur la voie de chemin de fer
une maison qui fuyait
fuyait tout autour de la terre
fuyait tout autour de la mer
fuyait devant l'hiver
qui voulait l'attraper

Mais nous sur notre chemin de fer
on s'est mis à rouler
rouler derrière l'hiver
et on l'a écrasé
et la maison s'est arrêtée
et le printemps nous a salués
C'était lui le garde-barrière
et il nous a bien remerciés
et toutes les fleurs de toute la terre
soudain se sont mises à pousser
pousser à tort et à travers
sur la voie du chemin de fer
qui ne voulait plus avancer
de peur de les abîmer
Alors on est revenu à pied
à pied tout autour de la terre
à pied tout autour de la mer
tout autour du soleil
de la lune et des étoiles
À pied à cheval en voiture et en bateau à voiles.

Histoires.

L'enfance

Oh comme elle est triste l'enfance
La terre s'arrête de tourner
Les oiseaux ne veulent plus chanter
Le soleil refuse de briller
Tout le paysage est figé

La saison des pluies est finie
La saison des pluies recommence
Oh comme elle est triste l'enfance
La saison des pluies est finie
La saison des pluies recommence

Et les vieillards couleur de suie
S'installent avec leurs vieilles balances
Quand la terre s'arrête de tourner
Quand l'herbe refuse de pousser
C'est qu'un vieillard a éternué

Tout ce qui sort de la bouche des vieillards
Ce n'est que mauvaises mouches vieux corbillards
Oh comme elle est triste l'enfance
Nous étouffons dans le brouillard
Dans le brouillard des vieux vieillards

Et quand ils retombent en enfance
C'est sur l'enfance qu'ils retombent
Et comme l'enfance est sans défense
C'est toujours l'enfance qui succombe

Oh comme elle est triste
Triste triste notre enfance
La saison des pluies est finie
La saison des pluies recommence.

Histoires.

“Comme c’était

d’après le

prévu
calendrier...”

I

Comme c'était prévu
d'après le calendrier
l'Été est arrivé
l'Été qu'on attendait
Mais il avait trop bu
et même il titubait.

II

Une grande vague de chaleur
qui l'avait racolé
dans un vieux port du Sud
dansait à ses côtés
Mouvementée inerte
maussade et obstinée.

III

Elle chantait la Fête
comme on chante pour pleurer
Elle s'est couchée sur Londres
et s'est mise à ronfler
Il l'appelait sa petite chatte
disait qu'elle ronronnait.

IV

Mais les fontaines de Londres
à leur tour ont chanté
Vacarme de fraîcheur
tumulte de gaieté
De très mauvaise humeur
la Vague s'est réveillée.

V

Blême et démaquillée
en découvrant l'Été
dégrisé rasé de frais
qui lui riait au nez
elle a fondu en larmes
c'est tout ce qu'il voulait.

VI

Et il la laissa fondre
et s'en alla dans Londres
avec une petite pluie
toute neuve et très gaie
et cette jeune pluie
lui changea les idées.

Charmes de Londres.

En été comme en hiver

En été comme en hiver
dans la boue dans la poussière
couché sur de vieux journaux
l'homme dont les souliers prennent l'eau
regarde au loin les bateaux.

Près de lui un imbécile
un monsieur qui a de quoi
tristement pêche à la ligne
Il ne sait pas trop pourquoi
il voit passer un chaland
et la nostalgie le prend
Il voudrait partir aussi
très loin au fil de l'eau
et vivre une nouvelle vie
avec un ventre moins gros.

En été comme en hiver
dans la boue dans la poussière
couché sur de vieux journaux
l'homme dont les souliers prennent l'eau
regarde au loin les bateaux.

Le brave pêcheur à la ligne
sans poissons rentre chez lui
Il ouvre une boîte de sardines
et puis se met à pleurer
Il comprend qu'il va mourir
et qu'il n'a jamais aimé
Sa femme le considère et sourit d'un air pincé
C'est une très triste mégère
une grenouille de bénitier.

En été comme en hiver
dans la boue dans la poussière
couché sur de vieux journaux
l'homme dont les souliers prennent l'eau
regarde au loin les bateaux.

Il sait bien que les chalands
sont de grands taudis flottants
et que la baisse des salaires
fait que les belles marinières
et leurs pauvres mariniers
promènent sur les rivières
toute une cargaison d'enfants
abîmés par la misère
en été comme en hiver
et par n'importe quel temps.

Spectacle.

L'automne

Un cheval s'écroule au milieu d'une allée
Les feuilles tombent sur lui
Notre amour frissonne
Et le soleil aussi.

Paroles.

Les feuilles mortes

Oh ! Je voudrais tant que tu te souviennes
des jours heureux où nous étions amis
En ce temps-là la vie était plus belle
et le soleil plus brûlant qu'aujourd'hui
Les feuilles mortes se ramassent à la pelle...
Tu vois je n'ai pas oublié
Les feuilles mortes se ramassent à la pelle
les souvenirs et les regrets aussi
et le vent du nord les emporte
dans la nuit froide de l'oubli
Tu vois je n'ai pas oublié
la chanson que tu me chantais

C'est une chanson qui nous ressemble
Toi tu m'aimais
et je t'aimais
Et nous vivions tous deux ensemble
toi qui m'aimais
et que j'aimais
Mais la vie sépare ceux qui s'aiment
tout doucement
sans faire de bruit
et la mer efface sur le sable
les pas des amants désunis
Les feuilles mortes se ramassent à la pelle
les souvenirs et les regrets aussi

Mais mon amour silencieux et fidèle
sourit toujours et remercie la vie
Je t'aimais tant tu étais si jolie
Comment veux-tu que je t'oublie
En ce temps-là la vie était plus belle
et le soleil plus brûlant qu'aujourd'hui
Tu étais ma plus douce amie...

Chanson.

Noël des ramasseurs de neige

(Quand elle tombe à Noël)

Nos cheminées sont vides
nos poches retournées
ohé ohé ohé
nos cheminées sont vides
nos souliers sont percés
ohé ohé ohé
et nos enfants livides
dansent devant nos buffets
ohé ohé ohé
Et pourtant c'est Noël
Noël qu'il faut fêter
Fêtons fêtons Noël
ça se fait chaque année
Ohé la vie est belle
Ohé joyeux Noël
Mais v'là la neige qui tombe
qui tombe de tout en haut
Elle va se faire mal
en tombant de si haut
ohé ohé ého

Pauvre neige nouvelle
courons courons vers elle
courons avec nos pelles
courons la ramasser
puisque c'est notre métier
ohé ohé ohé

Jolie neige nouvelle
toi qu'arrives du ciel
dis-nous dis-nous la belle
Ohé ohé ohé
Quand est-ce qu'à Noël
tomberont de là-haut
des dindes de Noël
avec leurs dindonneaux
ohé ohé ého !

La pluie et le beau temps.

Chanson pour les enfants l'hiver

Dans la nuit de l'hiver
galope un grand homme blanc
galope un grand homme blanc

C'est un bonhomme de neige
avec une pipe en bois
un grand bonhomme de neige
poursuivi par le froid

Il arrive au village
il arrive au village
voyant de la lumière
le voilà rassuré

Dans une petite maison
il entre sans frapper
Dans une petite maison
il entre sans frapper
et pour se réchauffer
et pour se réchauffer
s'assoit sur le poêle rouge
et d'un coup disparaît
ne laissant que sa pipe
au milieu d'une flaque d'eau
ne laissant que sa pipe
et puis son vieux chapeau...

Histoires.

Fille de Mars
garçon d'Avril
amoureux de Mai

Dans la ferraille de la Fête
les feux de la Saint-Elme
sur les trolleys crépitent

Fille de Mars
garçon d'Avril
amoureux de Mai

Bercés par le doux fracas du manège
en caressant un rêve
se caressant aussi

Il s'aiment
pour la vie
Ce rêve est aussi vrai que le vacarme de cette fête
c'est pour la vie qu'ils s'aiment
c'est à cause de la vie
et même s'il se quittent
elle les a réunis.

Grand bal du printemps.

“Le tendre et

visage

dangereux
de l'amour"

Je suis comme je suis

Je suis comme je suis
Je suis faite comme ça
Quand j'ai envie de rire
Oui je ris aux éclats
J'aime celui qui m'aime
Est-ce ma faute à moi
Si ce n'est pas le même
Que j'aime chaque fois
Je suis comme je suis
Je suis faite comme ça
Que voulez-vous de plus
Que voulez-vous de moi

Je suis faite pour plaire
Et n'y puis rien changer
Mes talons sont trop hauts
Ma taille trop cambrée
Mes seins beaucoup trop durs
Et mes yeux trop cernés
Et puis après
Qu'est-ce que ça peut vous faire
Je suis comme je suis
Je plais à qui je plais

Qu'est-ce que ça peut vous faire
Ce qui m'est arrivé
Oui j'ai aimé quelqu'un
Oui quelqu'un m'a aimée
Comme les enfants qui s'aiment
Simplement savent aimer
Aimer aimer...
Pourquoi me questionner
Je suis là pour vous plaire
Et n'y puis rien changer.

Paroles.

Immense et rouge

Immense et rouge
Au-dessus du grand Palais
Le soleil d'hiver apparaît
Et disparaît
Comme lui mon cœur va disparaître
Et tout mon sang va s'en aller
S'en aller à ta recherche
Mon amour
Ma beauté
Et te trouver
Là où tu es.

Paroles.

Pour toi mon amour

Je suis allé au marché aux oiseaux
Et j'ai acheté des oiseaux
Pour toi
mon amour
Je suis allé au marché aux fleurs
Et j'ai acheté des fleurs
Pour toi
mon amour
Je suis allé au marché à la ferraille
Et j'ai acheté des chaînes
De lourdes chaînes
Pour toi
mon amour
Et puis je suis allé au marché aux esclaves
Et je t'ai cherchée
Mais je ne t'ai pas trouvée
mon amour.

Paroles.

C'est l'amour qui m'a faite

À Jo Warfield

Je suis née toute nue
Je vis comme je suis née
Je suis née toute petite
Si j'ai grandi trop vite
Jamais je n'ai changé
Et je vis toute nue
Pour la plupart du temps
Ce temps où je vis nue
Ce temps c'est de l'argent

C'est l'amour qui m'a faite
L'amour qui m'a fait fête
L'amour qui m'a faite fée
Où donc est-il parti
L'amoureux que j'avais
Qui me faisait plaisir
Qui me faisait rêver
Qui me faisait danser
Danser à sa baguette
C'était mon chef d'orchestre
Moi son corps de ballet

C'est l'amour qui m'a faite
L'amour qui m'a fait fête
L'amour qui m'a faite fée
Et je vous change en bête
Chaque fois que ça me plaît
Votre amour me fait rire
Votre amour n'est pas vrai
Marchez à ma baguette
Et passez la monnaie

C'est l'amour qui m'a faite
L'amour qui m'a défaite
Et m'a abandonnée
L'amoureux que j'avais
Où s'en est-il allé
Où s'en est-il allé
Où s'en est-il allé.

D'autres histoires.

Le tendre et dangeureux visage de l'amour

Le tendre et dangereux
visage de l'amour
m'est apparu un soir
après un trop long jour
C'était peut-être un archer
avec son arc
ou bien un musicien
avec sa harpe
Je ne sais plus
Je ne sais rien
Tout ce que je sais
c'est qu'il m'a blessée
peut-être avec une flèche
peut-être avec une chanson
Tout ce que je sais
c'est qu'il m'a blessée
blessée au cœur
et pour toujours
Brûlante trop brûlante
blessure de l'amour.

Histoires.

Cet amour

Cet amour
Si violent
Si fragile
Si tendre
Si désespéré
Cet amour
Beau comme le jour
Et mauvais comme le temps
Quand le temps est mauvais
Cet amour si vrai
Cet amour si beau
Si heureux
Si joyeux
Et si dérisoire
Tremblant de peur comme un enfant dans le noir
Et si sûr de lui
Comme un homme tranquille au milieu de la nuit
Cet amour qui faisait peur aux autres
Qui les faisait parler
Qui les faisait blêmir
Cet amour guetté
Parce que nous le guettions
Traqué blessé piétiné achevé nié oublié
Parce que nous l'avons traqué blessé piétiné achevé
[nié oublié
Cet amour tout entier
Si vivant encore

Et tout ensoleillé
C'est le tien
C'est le mien
Celui qui a été
Cette chose toujours nouvelle
Et qui n'a pas changé
Aussi vraie qu'une plante
Aussi tremblante qu'un oiseau
Aussi chaude aussi vivante que l'été
Nous pouvons tous les deux
Aller et revenir
Nous pouvons oublier
Et puis nous rendormir
Nous réveiller souffrir vieillir
Nous endormir encore
Rêver à la mort
Nous éveiller sourire et rire
Et rajeunir
Notre amour reste là
Têtu comme une bourrique
Vivant comme le désir
Cruel comme la mémoire
Bête comme les regrets
Tendre comme le souvenir
Froid comme le marbre
Beau comme le jour
Fragile comme un enfant
Il nous regarde en souriant
Et il nous parle sans rien dire

Et moi je l'écoute en tremblant
Et je crie
Je crie pour toi
Je crie pour moi
Je le supplie
Pour toi pour moi pour tous ceux qui s'aiment
Et qui se sont aimés
Oui je lui crie
Pour toi pour moi et pour tous les autres
Que je ne connais pas
Reste là
Là où tu es
Là où tu étais autrefois
Reste là
Ne bouge pas
Ne t'en va pas
Nous qui nous sommes aimés
Nous t'avons oublié
Toi ne nous oublie pas
Nous n'avions que toi sur la terre
Ne nous laisse pas devenir froids
Beaucoup plus loin toujours
Et n'importe où
Donne-nous signe de vieBeaucoup plus tard au coin d'un bois
Dans la forêt de la mémoire
Surgis soudain
Tends-nous la main
Et sauve-nous.

Paroles.

Cœur de rubis

Je sais dire Je t'aime
mais j'sais pas aimer
Ton cœur de rubis
qu'est-ce que j'en ai fait ?

J'ai joué à l'amour
j'savais même pas jouer
Ton cœur de rubis
qu'est-ce que j'en ai fait ?

La vitre est brisée
l'magasin fermé
l'satin déchiré
l'écrin piétiné

Je voulais t'avoir
j'voulais t'posséder
Je jouais à l'amour
j'ai seul'ment triché

Ton cœur de rubis
qu'est-ce que j'en ai fait ?
Maintenant c'est trop tard
j'ai tout saccagé

Ton cœur de rubis
j'peux même pas le fourguer
Y a pas d'recéleur
pour l'amour volé.

D'autres histoires.

Les enfants qui s'aiment

Les enfants qui s'aiment s'embrassent debout
Contre les portes de la nuit
Et les passants qui passent les désignent du doigt
Mais les enfants qui s'aiment
Ne sont là pour personne
Et c'est seulement leur ombre
Qui tremble dans la nuit
Excitant la rage des passants
Leur rage leur mépris leurs rires et leur envie
Les enfants qui s'aiment ne sont là pour personne
Ils sont ailleurs bien plus loin que la nuit
Bien plus haut que le jour
Dans l'éblouissante clarté de leur premier amour.

Spectacle.

Barbara

Rappelle-toi Barbara
Il pleuvait sans cesse sur Brest ce jour-là
Et tu marchais souriante
Épanouie ravie ruisselante
Sous la pluie
Rappelle-toi Barbara
Il pleuvait sans cesse sur Brest
Et je t'ai croisée rue de Siam
Tu souriais
Et moi je souriais de même
Rappelle-toi Barbara
Toi que je ne connaissais pas
Toi qui ne me connaissais pas
Rappelle-toi
Rappelle-toi quand même ce jour-là
N'oublie pas
Un homme sous un porche s'abritait
Et il a crié ton nom
Barbara
Et tu as couru vers lui sous la pluie
Ruisselante ravie épanouie
Et tu t'es jetée dans ses bras
Rappelle-toi cela Barbara
Et ne m'en veux pas si je te tutoie
Je dis tu à tous ceux que j'aime
Même si je ne les ai vus qu'une seule fois
Je dis tu à tous ceux qui s'aiment
Même si je ne les connais pas
Rappelle-toi Barbara
N'oublie pas
Cette pluie sage et heureuse

Sur ton visage heureux
Sur cette ville heureuse
Cette pluie sur la mer
Sur l'arsenal
Sur le bateau d'Ouessant
Oh Barbara
Quelle connerie la guerre
Qu'es-tu devenue maintenant
Sous cette pluie de fer
De feu d'acier de sang
Et celui qui te serrait dans ses bras
Amoureusement
Est-il mort disparu ou bien encore vivant
Oh Barbara
Il pleut sans cesse sur Brest
Comme il pleuvait avant
Mais ce n'est plus pareil et tout est abîmé
C'est une pluie de deuil terrible et désolée
Ce n'est même plus l'orage
De fer d'acier de sang
Tout simplement des nuages
Qui crèvent comme des chiens
Des chiens qui disparaissent
Au fil de l'eau sur Brest
Et vont pourrir au loin
Au loin très loin de Brest
Dont il ne reste rien.

Paroles.

“D’après

nature"

Sables mouvants

Démons et merveilles
Vents et marées
Au loin déjà la mer s'est retirée
Et toi
Comme une algue doucement caressée par le vent
Dans les sables du lit tu remues en rêvant
Démons et merveilles
Vents et marées
Au loin déjà la mer s'est retirée
Mais dans tes yeux entrouverts
Deux petites vagues sont restées
Démons et merveilles
Vents et marées
Deux petites vagues pour me noyer.

Paroles.

D'après nature

Cette fleur n'est pas sortie du sable
comme ce verre
Ce verre n'est pas sorti de terre
comme cette fleur
La main qui modela ce vase
et l'autre main ailleurs qui cueillit cette fleur
ne sortaient ni de côte d'Adam ni de cuisse de Jupiter
ni d'aucune autre boîte de prestidigitateur
Et ces mains en allées
d'où venaient-elles alors
où allaient-elles encore
Et cette céramique
et cette pièce de bois
et ce morceau de cuir
et cette petite punaise sur cette croix d'honneur

Le vent déplace les dunes
le temps efface les monuments
Et chacun s'en va avec sa chacune
et disparaît et reparaît
et se retrouve et s'ignore
alternativement
en toute simplicité
comme sang dans les veines
poisson dans la mer
arête dans le gosier.

Extrait de "Les chiens ont soif", dans *Fatras*.

Le ruisseau

Beaucoup d'eau a passé sous les ponts
et puis aussi énormément de sang
Mais aux pieds de l'amour
coule un grand ruisseau blanc
Et dans les jardins de la lune
où tous les jours c'est ta fête
ce ruisseau chante en dormant
Et cette lune c'est ma tête
où tourne un grand soleil bleu
Et ce soleil c'est tes yeux.

Histoires.

Rousse

Rousse rousse petite lune
un vieux nuage gris te poursuit
mais un bon crayon jaune
écrit son nom soleil sur la porte du jour
et le nuage crève et tu t'enfuis
rousse rousse petite lune
douce petite chose heureuse
plaisir de la nuit.

Histoires anciennes et nouvelles.

Arbres
grands arbres de Londres
comme les derniers bisons vous êtes relégués
très loin derrière les grilles
de vos grands parcs réservés

Arbres
grands arbres de Londres
vous êtes en exil
vous attendez l'orage quelqu'un à qui parler
du Règne végétal aujourd'hui menacé

Mais des enfants arrivent
courant vers l'oasis de fraîcheur de lumière
laissant loin derrière eux
les fumées de la ville et ses déserts de pierre

Vacances de printemps
Trêve verte de l'été
Arbres de Londres vous souriez
car les enfants vous aiment comme vous les aimez
sans chercher à comprendre ce qu'ils ont deviné

Arbres de Londres
chefs-d'œuvre du vieux musée des eaux et des forêts.

Charmes de Londres.

“*Fleurs*

et couronnes"

Fleurs et couronnes

Homme
Tu as regardé la plus triste la plus morne de toutes les
[fleurs de la terre
Et comme aux autres fleurs tu lui as donné un nom
Tu l'as appelée Pensée.
Pensée
C'était comme on dit bien observé
Bien pensé
Et ces sales fleurs qui ne vivent ni ne se fanent jamais
Tu les as appelées immortelles...
C'était bien fait pour elles...
Mais le lilas tu l'as appelé lilas
Lilas c'était tout à fait ça
Lilas... Lilas...
Aux marguerites tu as donné un nom de femme
Ou bien aux femmes tu as donné un nom de fleur
C'est pareil.
L'essentiel c'était que ce soit joli
Que ça fasse plaisir...
Enfin tu as donné les noms simples à toutes les fleurs
[simples
Et la plus grande la plus belle
Celle qui pousse toute droite sur le fumier de la misère
Celle qui se dresse à côté des vieux ressorts rouillés
À côté des vieux chiens mouillés
À côté des vieux matelas éventrés
À côté des baraques de planches où vivent les sous-
[alimentés

Cette fleur tellement vivante
Toute jaune toute brillante
Celle que les savants appellent Hélianthe
Toi tu l'as appelée soleil
... Soleil...
Hélas ! hélas ! hélas et beaucoup de fois hélas !
Qui regarde le soleil hein ?
Qui regarde le soleil ?
Personne ne regarde plus le soleil
Les hommes sont devenus ce qu'ils sont devenus
Des hommes intelligents...
Une fleur cancéreuse tubéreuse et méticuleuse à leur
[boutonnière

Ils se promènent en regardant par terre
Et ils pensent au ciel
Ils pensent... Ils pensent... ils n'arrêtent pas de penser
Ils ne peuvent plus aimer les véritables fleurs vivantes
Ils aiment les fleurs fanées les fleurs séchées
Les immortelles et les pensées
Et ils marchent dans la boue des souvenirs dans la
[boue des regrets...
Ils se traînent
À grand peine
Dans les marécages du passé
Et ils traînent... ils traînent leurs chaînes
Et ils traînent les pieds au pied cadencé...
Ils avancent à grand peine
Enlisés dans leurs champs-élysées
Et ils chantent à tue-tête la chanson mortuaire
Oui ils chantent
À tue-tête
Mais tout ce qui est mort dans leur tête
Pour rien au monde ils ne voudraient l'enlever
Parce que
Dans leur tête
Pousse la fleur sacrée
La sale maigre petite fleur
La fleur malade
La fleur aigre
La fleur toujours fanée
La fleur personnelle...
... La pensée...

Paroles.

Le bouquet

Que faites-vous là petite fille
Avec ces fleurs fraîchement coupées
Que faites-vous là jeune fille
Avec ces fleurs ces fleurs séchées
Que faites-vous là jolie femme
Avec ces fleurs qui se fanent
Que faites-vous vieille femme
Avec ces fleurs qui meurent ?

— J'attends le vainqueur.

Paroles.

Tournesol

Tous les jours de la semaine
En hiver en automne
Dans le ciel de Paris
Les cheminées d'usine ne fument que du gris

Mais le printemps s'amène une fleur sur l'oreille
Au bras une jolie fille
Tournesol Tournesol
C'est le nom de la fleur
Le surnom de la fille
Elle n'a pas de grand nom pas de nom de famille
Et danse au coin des rues
À Belleville à Séville

Tournesol Tournesol Tournesol
Valse des coins de rues
Et les beaux jours sont venus
La belle vie avec eux
Le génie de la Bastille fume une gitane bleue
Dans le ciel amoureux
Dans le ciel de Séville dans le ciel de Belleville
Et même de n'importe où

Tournesol Tournesol
C'est le nom de la fleur
Le surnom de la fille.

Spectacle.

Chez la fleuriste

Un homme entre chez une fleuriste
et choisit des fleurs
la fleuriste enveloppe les fleurs
l'homme met la main à sa poche
pour chercher l'argent
l'argent pour payer les fleurs
mais il met en même temps
subitement
la main sur son cœur
et il tombe

En même temps qu'il tombe
l'argent roule à terre
et puis les fleurs tombent
en même temps que l'homme
en même temps que l'argent
et la fleuriste reste là
avec l'argent qui roule
avec les fleurs qui s'abîment
avec l'homme qui meurt
évidemment tout cela est très triste
et il faut bien qu'elle fasse quelque chose
la fleuriste
mais elle ne sait pas comment s'y prendre
elle ne sait pas
par quel bout commencer

Il y a tant de choses à faire
avec cet homme qui meurt
ces fleurs qui s'abîment
et cet argent
cet argent qui roule
qui n'arrête pas de rouler.

Paroles.

“Quand la

vie…"

Quand la vie est un collier
chaque jour est une perle
Quand la vie est une cage
chaque jour est une larme
Quand la vie est une forêt
chaque jour est un arbre
Quand la vie est un arbre
chaque jour est une branche
Quand la vie est une branche
chaque jour est une feuille.

Quand la vie c'est la mer
chaque jour est une vague
chaque vague une plainte
une chanson un frisson
Quand la vie est un jeu
chaque jour est une carte
le carreau ou le trèfle
le pique le malheur
Et quand c'est le bonheur
les cartes de l'amour
c'est le cul et le cœur.

Extrait de "Adonides", dans *Fatras*.

Le désespoir est assis sur un banc

Dans un square sur un banc
Il y a un homme qui vous appelle quand on passe
Il a des binocles un vieux costume gris
Il fume un petit ninas il est assis
Et il vous appelle quand on passe
Ou simplement il vous fait signe
Il ne faut pas le regarder
Il ne faut pas l'écouter
Il faut passer
Faire comme si on ne le voyait pas
Comme si on ne l'entendait pas
Il faut passer presser le pas
Si vous le regardez
Si vous l'écoutez
Il vous fait signe et rien personne
Ne peut vous empêcher d'aller vous asseoir près de lui
Alors il vous regarde et sourit
Et vous souffrez atrocement
Et l'homme continue de sourire
Et vous souriez du même sourire
Exactement
Plus vous souriez plus vous souffrez
Atrocement
Plus vous souffrez plus vous souriez
Irrémédiablement

Et vous restez là
Assis figé
Souriant sur le banc
Des enfants jouent tout près de vous
Des passants passent
Tranquillement
Des oiseaux s'envolent
Quittant un arbre
Pour un autre
Et vous restez là
Sur le banc
Et vous savez vous savez
Que jamais plus vous ne jouerez
Comme ces enfants
Vous savez que jamais plus vous ne passerez
Tranquillement
Comme ces passants
Que jamais plus vous ne vous envolerez
Quittant un arbre pour un autre
Comme ces oiseaux.

Paroles.

Le concert n'a pas été réussi

Compagnons des mauvais jours
Je vous souhaite une bonne nuit
Et je m'en vais.
La recette a été mauvaise
C'est de ma faute
Tous les torts sont de mon côté
J'aurais dû vous écouter
J'aurais dû jouer du caniche
C'est une musique qui plaît
Mais je n'en ai fait qu'à ma tête
Et puis je me suis énervé.
Quand on joue du chien à poil dur
Il faut ménager son archet
Les gens ne viennent pas au concert
Pour entendre hurler à la mort
Et cette chanson de la Fourrière
Nous a causé le plus grand tort.
Compagnons des mauvais jours
Je vous souhaite une bonne nuit
Dormez
Rêvez
Moi je prends ma casquette
Et puis deux ou trois cigarettes dans le paquet
Et je m'en vais...
Compagnons des mauvais jours
Pensez à moi quelquefois
Plus tard...
Quand vous serez réveillés
Pensez à celui qui joue du phoque et du saumon
[fumé

Quelque part...

Le soir

Au bord de la mer

Et qui fait ensuite la quête

Pour acheter de quoi manger

Et de quoi boire...

Compagnons des mauvais jours

Je vous souhaite une bonne nuit...

Dormez

Rêvez

Moi je m'en vais.

Paroles.

Déjeuner du matin

Il a mis le café
Dans la tasse
Il a mis le lait
Dans la tasse de café
Il a mis le sucre
Dans le café au lait
Avec la petite cuiller
Il a tourné
Il a bu le café au lait
Et il a reposé la tasse
Sans me parler
Il a allumé
Une cigarette
Il a fait des ronds
Avec la fumée
Il a mis les cendres
Dans le cendrier
Sans me parler
Sans me regarder
Il s'est levé
Il a mis
Son chapeau sur sa tête
Il a mis son manteau de pluie
Parce qu'il pleuvait

Et il est parti
Sous la pluie
Sans une parole
Sans me regarder
Et moi j'ai pris
Ma tête dans ma main
Et j'ai pleuré.

Paroles.

Le contrôleur

Allons allons
Pressons
Allons allons
Voyons pressons
Il y a trop de voyageurs
Trop de voyageurs
Pressons pressons
Il y en a qui font la queue
Il y en a partout
Beaucoup
Le long du débarcadère
Ou bien dans les couloirs du ventre de leur mère
Allons allons pressons
Pressons sur la gâchette
Il faut bien que tout le monde vive

Alors tuez-vous un peu
Allons allons
Voyons
Soyons sérieux
Laissez la place
Vous savez bien que vous ne pouvez pas rester là
Trop longtemps
Il faut bien qu'il y en ait pour tout le monde
Un petit tour on vous l'a dit
Un petit tour du monde
Un petit tour dans le monde
Un petit tour et on s'en va
Allons allons
Pressons pressons
Soyez polis
Ne poussez pas.

Paroles.

“Familiale”

Premier jour

Des draps blancs dans une armoire
Des draps rouges dans un lit
Un enfant dans sa mère
Sa mère dans les douleurs
Le père dans le couloir
Le couloir dans la maison
La maison dans la ville
La ville dans la nuit
La mort dans un cri
Et l'enfant dans la vie.

Paroles.

Chasse à l'enfant

À Marianne Oswald

Bandit ! Voyou ! Voleur ! Chenapan !

Au-dessus de l'île on voit des oiseaux
Tout autour de l'île il y a de l'eau

Bandit ! Voyou ! Voleur ! Chenapan !

Qu'est-ce que c'est que ces hurlements

Bandit ! Voyou ! Voleur ! Chenapan !

C'est la meute des honnêtes gens
Qui fait la chasse à l'enfant

Il avait dit J'en ai assez de la maison de redressement
Et les gardiens à coups de clefs lui avaient brisé les dents
Et puis ils l'avaient laissé étendu sur le ciment

Bandit ! Voyou ! Voleur ! Chenapan !

Maintenant il s'est sauvé
Et comme une bête traquée
Il galope dans la nuit
Et tous galopent après lui
Les gendarmes les touristes les rentiers les artistes

Bandit ! Voyou ! Voleur ! Chenapan !

C'est la meute des honnêtes gens
Qui fait la chasse à l'enfant
Pour chasser l'enfant pas besoin de permis
Tous les braves gens s'y sont mis

Qu'est-ce qui nage dans la nuit
Quels sont ces éclairs ces bruits
C'est un enfant qui s'enfuit
On tire sur lui à coups de fusil

Bandit ! Voyou ! Voleur ! Chenapan !

Tous ces mesieurs sur le rivage
Sont bredouilles et verts de rage

Bandit ! Voyou ! Voleur ! Chenapan !

Rejoindras-tu le continent

Au dessus de l'île on voit des oiseaux
Tout autour de l'île il y a de l'eau.

Paroles.

Familiale

La mère fait du tricot
Le fils fait la guerre
Elle trouve ça tout naturel la mère
Et le père qu'est-ce qu'il fait le père ?
Il fait des affaires
Sa femme fait du tricot
Son fils la guerre
Lui des affaires
Il trouve ça tout naturel le père
Et le fils et le fils
Qu'est-ce qu'il trouve le fils ?
Il ne trouve rien absolument rien le fils
Le fils sa mère fait du tricot son père des affaires lui la
[guerre
Quand il aura fini la guerre
Il fera des affaires avec son père
La guerre continue la mère continue elle tricote
Le père continue il fait des affaires
Le fils est tué il ne continue plus
Le père et la mère vont au cimetière
Ils trouvent ça tout naturel le père et la mère
La vie continue la vie avec le tricot la guerre les
[affaires
Les affaires la guerre le tricot la guerre
Les affaires les affaires et les affaires
La vie avec le cimetière.

Paroles.

La pêche à la baleine

À la pêche à la baleine, à la pêche à la baleine,
Disait le père d'une voix courroucée
À son fils Prosper, sous l'armoire allongé,
À la pêche à la baleine, à la pêche à la baleine,
Tu ne veux pas aller,
Et pourquoi donc ?
Et pourquoi donc que j'irais pêcher une bête
Qui ne m'a rien fait, papa,
Va la pêpé, va la pêcher toi-même,
Puisque ça te plaît,
J'aime mieux rester à la maison avec ma pauvre mère,
Et le cousin Gaston.
Alors dans se baleinière le père tout seul s'en est allé
Sur la mer démontée...
Voilà le père sur la mer
Voilà le fils à la maison
Voilà la baleine en colère,
Et voilà le cousin Gaston qui renverse la soupière,
La soupière au bouillon.
La mer était mauvaise,
La soupe était bonne,
Et voilà sur sa chaise Prosper qui se désole :
À la pêche à la baleine, je ne suis pas allé,
Et pourquoi donc que j'y ai pas été ?
Peut-être qu'on l'aurait attrapée
Alors j'aurais pu en manger,
Mais voilà la porte qui s'ouvre, et ruisselant d'eau,
Le père apparaît hors d'haleine,

Tenant la baleine sur son dos,
Il jette l'animal sur la table, une belle baleine
[aux yeux bleus
Une bête comme on en voit peu,
Et dit d'une voix lamentable :
Dépêchez-vous de la dépecer,
J'ai faim, j'ai soif, je veux manger.
Mais voilà Prosper qui se lève,
Regardant son père dans le blanc des yeux,
Dans le blanc des yeux bleus de son père,
Bleus comme ceux de la baleine aux yeux bleus :

Et pourquoi donc je dépècerais une pauvre bête qui
[m'a rien fait ?
Tant pis j'abandonne ma part,
Puis il jette le couteau par terre,
Mais la baleine s'en empare, et se précipitant sur le
[père
Elle le transperce de père en part.
Ah, ah, dit le cousin Gaston
ça me rappelle la chasse, la chasse aux papillons,
Et voilà,
Voilà Prosper qui prépare les faire-part
La mère qui prend le deuil de son pauvre mari
Et la baleine, la larme à l'œil contemplant le foyer
[détruit,
Soudain elle s'écrie :
Et pourquoi donc j'ai tué ce pauvre imbécile,
Maintenant les autres vont me pourchasser en moto-
[godille
Et puis ils vont exterminer toute ma petite famille,
Alors, éclatant d'un rire inquiétant,
Elle se dirige vers la porte et dit
À la veuve en passant :
Madame, si quelqu'un vient me demander,
Soyez aimable et répondez :
La baleine est sortie,
Asseyez-vous,
Attendez là,
Dans une quinzaine d'années, sans doute elle
[reviendra...

Paroles.

L'école des beaux-arts

Dans une boîte de paille tressée
Le père choisit une petite boule de papier
Et il la jette
Dans la cuvette
Devant ses enfants intrigués
Surgit alors
Multicolore
La grande fleur japonaise
Le nénuphar instantané
Et les enfants se taisent
Émerveillés
Jamais plus tard dans leur souvenir
Cette fleur ne pourra se faner
Cette fleur subite
Faite pour eux
À la minute
Devant eux.

Paroles.

“Pour rire

en société"

Il ne faut pas

Il ne faut pas laisser les intellectuels jouer avec
[les allumettes
Parce que Messieurs quand on le laisse seul
Le monde mental Messssieurs
N'est pas du tout brillant
Et sitôt qu'il est seul
Travaille arbitrairement

Paroles.

Pour rire en société

Le dompteur a mis sa tête
dans la gueule du lion
moi
j'ai mis seulement deux doigts
dans le gosier du Beau Monde
Et il n'a pas eu le temps
de me mordre
Tout simplement
il a vomi en hurlant
un peu de cette bile d'or
à laquelle il tient tant
Pour réussir ce tour
utile et amusant
Se laver les doigts
soigneusement
dans une pinte de bon sang

Chacun son cirque.

Spectacle.

Être ange
c'est étrange
dit l'ange
Être âne
c'est étrâne
dit l'âne
Cela ne veut rien dire
dit l'ange en haussant les ailes
Pourtant
si étrange veut dire quelque chose
étrâne est plus étrange qu'étrange
dit l'âne
Étrange est
dit l'ange en tapant des pieds
Étranger vous-même
dit l'âne
Et il s'envole.

Extrait de "Adonides" dans *Fatras*.

Narcisse

Narcisse se baigne nu
De jolies filles nues viennent le voir
Narcisse sort de l'eau s'approche d'elles
et s'aperçoit qu'il n'est plus tout à fait le même
Quelque chose en lui a changé
Il se caresse de la main
étonné de donner sans le vouloir ni le savoir
comme un jeune cheval entier
les preuves de sa naissante virilité
Et retourne dans l'eau
plus ébloui que gêné
Et regarde les filles
puis
dans l'eau à mi-corps se regarde encore
Et voit
par un phénomène de réfraction
un bâton brisé
Il se noie

déçu enfantinement désespéré.

Spectacle.

Cet ouvrage a été réalisé par l'atelier graphique
(sous la direction d'Isabelle Gérard) de La Renaissance du Livre.

Achevé d'imprimer en Italie
par l'Imprimerie Stamperia Artistica Nazionale.
Dépôt légal : novembre 2002 ; D/2002/8176/445.